essentials

essentials liefern aktuelles Wissen in konzentrierter Form. Die Essenz dessen, worauf es als „State-of-the-Art" in der gegenwärtigen Fachdiskussion oder in der Praxis ankommt. *essentials* informieren schnell, unkompliziert und verständlich

- als Einführung in ein aktuelles Thema aus Ihrem Fachgebiet
- als Einstieg in ein für Sie noch unbekanntes Themenfeld
- als Einblick, um zum Thema mitreden zu können

Die Bücher in elektronischer und gedruckter Form bringen das Expertenwissen von Springer-Fachautoren kompakt zur Darstellung. Sie sind besonders für die Nutzung als eBook auf Tablet-PCs, eBook-Readern und Smartphones geeignet. *essentials:* Wissensbausteine aus den Wirtschafts-, Sozial- und Geisteswissenschaften, aus Technik und Naturwissenschaften sowie aus Medizin, Psychologie und Gesundheitsberufen. Von renommierten Autoren aller Springer-Verlagsmarken.

Weitere Bände in der Reihe http://www.springer.com/series/13088

Ronald Deckert · André Saß

Digitalisierung und Energiewirtschaft

Technologischer Wandel und wirtschaftliche Auswirkungen

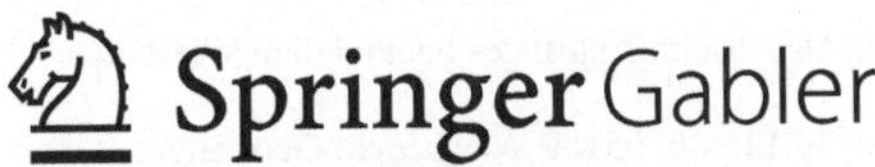
Springer Gabler

Ronald Deckert
Hamburg, Deutschland

André Saß
Königstein, Deutschland

ISSN 2197-6708
essentials
ISBN 978-3-658-27790-1
https://doi.org/10.1007/978-3-658-27791-8

ISSN 2197-6716   (electronic)

ISBN 978-3-658-27791-8   (eBook)

Die Deutsche Nationalbibliothek verzeichnet diese Publikation in der Deutschen Nationalbibliografie; detaillierte bibliografische Daten sind im Internet über http://dnb.d-nb.de abrufbar.

Springer Gabler ist ein Imprint der eingetragenen Gesellschaft Springer Fachmedien Wiesbaden GmbH und ist ein Teil von Springer Nature.
Die Anschrift der Gesellschaft ist: Abraham-Lincoln-Str. 46, 65189 Wiesbaden, Germany

Was Sie in diesem *essential* finden können

- Komprimiertes Überblickswissen rund um Digitalisierung und Industrie/ Energiewirtschaft 4.0
- Ausgewählte Zusammenhänge mit großen gesellschaftlichen Herausforderungen
- Überlegungen zur Veränderungsdynamik auf dem Weg in Richtung Energiewirtschaft 4.0
- Ausgewählte technologische Einflussfelder und wirtschaftliche Erfolgsfaktoren
- Vielfältige Anknüpfungspunkte zu weiteren Offline- und Online-Literaturquellen

Vorwort

Die Entwicklungen und Auswirkungen rund um Digitalisierung und Industrie 4.0 haben breiten Einzug in unser Leben gehalten. Mobile Geräte wie Smartphones und der allgegenwärtige Zugang zu digitalen Welten und „intelligenten" Systemen – wie beispielsweise Suchmaschinen oder automatische Spracherkennung (z. B. Alexa oder Siri) – sind unsere alltäglichen Begleiter geworden. Heute und in Zukunft stellen sich umfassende Anforderungen an unser Wissen sowie an unsere Fertigkeiten und Fähigkeiten. Dies betrifft den erfolgreichen Einsatz von Technik in unterschiedlichen Bereichen unseres Alltages und die Erkundung sowie wirksame Weiterentwicklung dessen, was jeden von uns als Mensch und Individuum gegenüber künstlicher Intelligenz, Software und Robotern auszeichnet.

Im vorliegenden *essential* verbinden sich eine grundlegend-strukturierende Sicht zu Digitalisierung und Industrie 4.0 mit Praxiserfahrungen in der Energiewirtschaft. Auch ausgehend von einer zunehmend mit Digitalisierung zu verknüpfenden nachhaltigen Entwicklung stehen Führungskräfte und Beschäftigte in der Energiewirtschaft vor täglichen Herausforderungen dazu, techn(olog)ische, ökonomische, ökologische und soziale Entwicklungen verantwortungsvoll integriert und balanciert zu gestalten. Eine sich entwickelnde Energiewirtschaft 4.0, die im vorliegenden *essential* vor allem anschaulich anhand der Elektrizitätswirtschaft fokussiert betrachtet wird, setzt auf einer energiewirtschaftlich geprägten Vernetzung auf. Neben Versorgungssicherheit tragen auf lokal-regionaler Ebene Stadtwerke in Teilen bspw. zu sozialverträglicher Preisgestaltung für öffentlichen Personennahverkehr und für öffentliche Bäder bei.

Eine herausgehoben gesellschaftlich bedeutsame und sich traditionell evolutionär entwickelnde Energiewirtschaft muss sich immer wieder neu auf den Prüfstand der Innovationsfähigkeit stellen. Dies gilt für technisch und nicht-technisch geprägte Themenstellungen und fordert strategisches Handeln im Netzwerk verschiedener Akteure. Wir hoffen, mit diesem *essential* einen für verschiedene Leser spannenden Beitrag zu den Erfolgsfaktoren für den digitalen Wandel zu leisten und freuen uns über den Austausch und die Weiterentwicklung der Gedanken im Dialog mit Praxis und Wissenschaft.

Prof. Dr. Ronald Deckert

André Saß

Inhaltsverzeichnis

Über die Autoren

Prof. Dr. Ronald Deckert
HFH · Hamburger Fern-Hochschule
Alter Teichweg 19
22081 Hamburg
https://www.hfh-fernstudium.de/
Ronald.Deckert@hamburger-fh.de
(für Veröffentlichung)
Ronald.Deckert@hamburger-fh.de (für Korrespondenz)

Dipl.-Kfm. André Saß
Management Berater & Unternehmer
Fuchstanzstraße 32
61462 Königstein
http://www.sass-consulting.de
Andre.Sass@sass-consulting.de
(für Veröffentlichung)
Andre.Sass@sass-consulting.de (für Korrespondenz)

Einleitung 1

Mit Digitalisierung und Industrie 4.0 ist ein für **Gesellschaft, Bildung** und **Wirtschaft** weitreichender **Ereignis-, Gedanken-** und **Handlungskomplex** verbunden, der **mit vielfältigen Auswirkungen in allen Lebensbereichen und einer breiten Diskussion** einhergeht (Deckert 2019). Ausgehend von einer technisch geprägten ersten Einordnung zu Digitalisierung wie dieser

> *„Teile unserer Lebenswelt mittels Bits und Bytes [...]* **digital** *zu erfassen bedeutet, dass kontinuierlich und stufenlos gedachte (analoge) Wertebereiche von Merkmalen unserer Lebenswelt auf diskrete (gestufte) Wertebereiche abgebildet werden* [Hervorhebung ergänzt]" (Deckert und Langer 2018, S. 873).

hat sich ein **umfassender Begriffs- und Bedeutungskontext** entfaltet:

- **Wissenschaftsdisziplinäre Vielfalt** – Es besteht grundlegende Verankerung in Forschungs- und Entwicklungsprozessen mit Anbindung an die Natur- und Ingenieurwissenschaften – speziell Informations- und Kommunikationstechnik sowie Mess- und Automatisierungstechnik –, wobei zu weiteren Wissenschaften Bezüge bestehen wie beispielsweise Kommunikationswissenschaft (Katzenbach 2018), Managementwissenschaft, die sich Digitaler Transformation zuwendet (Nicolai und Schuster 2018; Kane et al. 2015), Sozialwissenschaften (Deckert und Langer 2018) oder Psychologie verbunden mit digitalem Wandel (Wissenschaftsrat 2018).
- **Große gesellschaftliche Herausforderungen** – Vor dem Hintergrund der Forderung, dass Wissenschaft sich heute – neben Grundlagenforschung und Innovationsprozessen – explizit der Bewältigung „Großer gesellschaftlicher Herausforderungen" widmen sollte (Wissenschaftsrat 2015, S. 30), öffnet sich

© Springer Fachmedien Wiesbaden GmbH, ein Teil von Springer Nature 2020
R. Deckert und A. Saß, *Digitalisierung und Energiewirtschaft,* essentials,
https://doi.org/10.1007/978-3-658-27791-8_1

insbesondere auch der Blick für Verknüpfungen von Digitalisierung und Nachhaltigkeit bzw. nachhaltiger Entwicklung (WBGU 2019, 2018; Deckert 2019; Lange und Santarius 2018; Nachhaltigkeitsrat 2017).

- **Chancen und Risiken** – Es gilt, eine Balance nicht nur wirtschaftlicher sondern auch individueller Chancen und Risiken bspw. verbunden mit Geschäftsmodellinnovationen rund um Digitalisierung zu erreichen. Algorithmen und deren kommerzieller Einsatz bergen nicht zu übersehende Risiken an Nebenwirkungen (Broussard 2018; Brynjolfsson und McAfee 2017), denen im Zuge einer vorausschauend gestalteten strategischen Mensch-Maschine-Partnerschaft begegnet werden sollte (Deckert 2019), die insbesondere mit Begriffskategorien wie Sinngebung, Kontrolle, Teilhabe, Design, Interaktion und Vernetzung verbunden werden kann (Deckert 2018a, b).
- **Individuelle Weiterentwicklung** – Vor dem Hintergrund von eng mit Technik und weniger eng mit Technik verbundenen Anforderungen an uns Menschen empfiehlt sich eine individuelle Entwicklung und Entfaltung nahe eigener Eignung und Neigung, die in der Gemeinschaft wirksam wird (Deckert 2019). Der Mensch „kommt zu sich selbst" (WBGU 2019, S. 7).

Hierin spiegelt sich ein in Gesellschaft und Wirtschaft sowie Individuen und deren Bildung übergreifendes Verständnis wider. Digitalisierung steht hierbei insbesondere auch mit für eine nachhaltige Entwicklung relevanten Begriffs- und Bedeutungskategorien in Verbindung wie beispielsweise **B**ewegung, **E**rnährung, **K**onsum, **B**esitz, **E**nergie oder **E**ngagement (#BEKBEE), die maßgebliche Handlungsfelder charakterisieren. Das vorliegende *essential* widmet sich hieraus der **Energie** aus einer vornehmlich wirtschaftlich geprägten Perspektive, die sich in den oben dargestellten Kontext einordnet. Ausgehend von **ausgewählten Grundlagen zu Digitalisierung und Industrie 4.0 in Kap 2** finden sich in Kap. 3 – im Kontext von Branchenstruktur und Wertschöpfung – Überlegungen zu aus heutiger Sicht relevanten technologischen Bausteinen und Erfolgsfaktoren für den digitalen Wandel, die mit Zusammenfassung und Ausblick in Kap. 4 ihren Abschluss finden.

Ausgewählte Grundlagen zu Digitalisierung und Industrie 4.0

2

> Als am 10.2.2017 im Studienzentrum Stuttgart der HFH · Hamburger Fern-Hochschule die Ereignisse rund um den Sieg der Software Libratus gegen menschliche Pokerspieler (vgl. Abschn. 2.3) reflektiert werden, spricht Frau A. Sichlidou den Ausdruck **„binäres Pokerface"** aus (Deckert und Günther 2018, o. S.), der dieses Ereignis adressiert. Nur etwas mehr als zwei Jahre später wird berichtet, dass die Software Pluribus nicht allein im Zweispieler-Pokerspiel wie Libratus, sondern in einem Sechsspieler-Pokerspiel gewinnt (vgl. Abschn. 2.3). Eine wichtige und spannende Frage bleibt: Wer trickst am Ende wen aus, der Mensch die Software oder Software uns Menschen?

Die Entwicklungen rund um Industrie 4.0 finden begrifflich Verankerung in **Digitalisierung, Vernetzung** und (künstlicher) **Intelligenz** (Lübbecke 2015), wobei dieser Dreiklang sich bereits bei Deckert und Günther (2018) sowie bei Deckert (2019) für einführende Darstellungen bewährt hat und insoweit auch hier der Gliederung von Abschn. 2.1 bis Abschn. 2.3 zugrunde liegt. Auch wenn es sich nach Bendel (2019, o. S.) bei Industrie 4.0 um einen „Marketingbegriff" handelt, der sich „– wie „Web 2.0" und „Web 3.0" – ein Stück weit einer wissenschaftlichen Präzisierung" entzieht, kann festgestellt werden, dass Industrie 4.0 drei vorausgegangenen industriellen Entwicklungen folgt, die grob durch Mechanisierung, Elektrifizierung und „(erste) Automatisierung" – wie Deckert und Günther (2018, o. S.) diese dritte Entwicklung bezeichnen – zu charakterisieren sind. Zu den ersten drei industriellen Revolutionen kann beispielsweise bei Kagermann, Lukas und Wahlster (2011) nachgelesen werden (vgl. Internetlink im Literaturverzeichnis). Folgende Zusammenstellung an Begriffs- und Bedeutungskategorien,

© Springer Fachmedien Wiesbaden GmbH, ein Teil von Springer Nature 2020
R. Deckert und A. Saß, *Digitalisierung und Energiewirtschaft*, essentials,
https://doi.org/10.1007/978-3-658-27791-8_2

die mit Industrie 4.0 in Verbindung stehen, findet sich bei Deckert und Günther (2018) im Rückgriff auf die Forschungsunion Wirtschaft und Wissenschaft (2013) und auf Kagermann, Wahlster und Helbig (2013):

- **Internet der Dinge** (IoT = Internet of Things), **Daten** und **Dienste** (IoS = Internet of Services),
- **cyber-physische Systeme (CPS), cyber-physische Produktionssysteme (CPPS), vertikale und horizontale Vernetzung von Unternehmen** sowie
- **Smart Factories, Smart Devices** und **Smart Products.**

Technologische Grundlagen sind rund um **kleine (hochleistungsfähige) Computer** sowie das **Internet** zu finden (Forschungsunion Wirtschaft und Wissenschaft 2013, S. 10 und 54 ff.). Bei Bauer et al. (2014) sind die fünf Technologiefelder **Embedded Systems CPS, Smart Factory, Robuste Netze, Cloud Computing** und **IT-Security** benannt und an das „Internet der Dinge (Zeitalter Mobiler Geräte)" schließt sich das „**Internet of Everything (Menschen, Prozesse, Daten, Dinge)** [Hervorhebung ergänzt]" (Bauer et al. 2014, S. 17) an. Auch wenn hier – wie beispielsweise bei Deckert (2019) – weitere Begriffe wie Smart Services, Losgröße eins, Digital Twins oder Co-Creation Anschluss finden könnten, soll diese erste Einordnung für Industrie 4.0 als Grundlage für die nachfolgenden Einführungen und für die spätere Einordnung von „Energiewirtschaft 4.0" an dieser Stelle genügen.

2.1   Von den Anfängen der Digitalisierung bis zu Data Science

Digitalisierung geht mit einer Erfassung von Teilen unserer Lebenswelt typischerweise mittels **binärer Datenformate** einher. Die Begriffe „digital" und „binär" lassen sich auf spannende Weise verknüpfen und zwar über die zentrale Einheit für Information **binary digit** oder kurz **bit,** die nach C. E. Shannon (1948) von J. W. Tukey vorgeschlagen wurde. Die digitale Abbildung unserer zunächst einmal analog erfahrbaren Lebenswelt vereinfacht die real vorhandenen Informationen – man denke an ein Bild, das mittels mehr oder weniger großen Pixeln dargestellt wird, – und bietet zugleich vielfältige Möglichkeiten verbunden mit der Sammlung, Speicherung, Verarbeitung und Analyse von Daten. Im Jahre 1941 wird in Berlin der **erste Digitalrechner Z3** von Konrad Zuse vorgestellt (Zuse 2019). Die Entwicklung seitdem wird mittels des **Moore'schen Gesetzes** versucht zu beschreiben (vgl. https://www.intel.com/content/www/us/en/history/museum-gordon-moore-law.html, abgerufen am 14.07.2019): **„The number of transistors incorporated in a chip will approximately double every 24 months".** Gemessen in FLOPS (Floating Point Operations Per Second) wird die Rechenleistung ausgehend von Zuses Z3 im Jahre **1941** zum Rechner Tianhe-2 im Jahre **2014** um einen **Faktor von ungefähr 10^{17} oder ungefähr 2^{57}** gesteigert (Ludwig 2015), womit heute Anwendungsfelder wie **Virtual Reality (VR), Augmented Reality (AR)** oder **Big Data-Analyse** möglich werden. Eng verbunden mit Big Data entsteht das Handlungsfeld **Data Science,** wobei nach O'Neil und Schutt (2014) ein „Data Scientist Profile" insbesondere Fertigkeiten rund um Computerwissenschaften, Mathematik, Statistik, Machine Learning, Kommunikation und Präsentation sowie Datenvisualisierung vereint. Der sinngebende Umgang mit großen Datenmengen – also Daten beispielsweise im Unternehmenskontext Bedeutung beizumessen und sie zu interpretieren – erfordert heute **Wissen um Tools und Methoden** auf akademischem Niveau (O'Neil und Schutt 2014).

In Abschn. 3.3 finden sich vor diesem Hintergrund und verknüpft mit den nachfolgenden Überlegungen ausgewählte technologische Bausteine mit Bedeutung für die Energiewirtschaft betrachtet.

2.2   Vernetzung von Menschen und Dingen

Eng verbunden mit dem Internet, das in heutiger Zeit selber einen nicht unerheblichen Einsatz von Ressourcen und Energie erfordert (Lange und Santarius 2018), ist heute die Vernetzung von Dingen als unbelebte Materie und die Vernetzung von Menschen als belebte Materie, die miteinander verknüpft zu denken sind (Deckert 2019). Die **Vernetzung von Menschen** betreffend ist verbunden mit dem Terminus Small World Problem festzustellen, dass bereits vor dem Aufkommen des Internets zwei – bei Travers und Milgram (1969) unter gewissen Rahmenbedingungen – ausgewählte Menschen typischerweise über einige wenige weitere Menschen miteinander bekannt sind, was sich bei Dodds, Muhamad und Watts (2003) verbunden mit dem Internet bestätigt. Heute vernetzen sich Menschen insbesondere über Social Media im Internet. Gemäß D21 Digital Index 2018/2019 kann die Internetnutzung charakterisiert werden durch in Deutschland heute ca. 84 % „Onliner" (gestiegen von 81 % im D21 Digital Index 2017/2018) und eine mobile Internetnutzung bei ca. 68 % (gestiegen von 64 % im D21 Digital Index 2017/2018), wobei 16 % als „Offliner" gelten, von denen 75 % 65 Jahre oder älter sind (Initiative D21 2019, 2018). Die **Vernetzung von Dingen** betreffend repräsentiert der Ausdruck „Internet of Things" (IoT, Internet der Dinge), der nach Ashton (2009) ursprünglich eng mit RFID-Technologie in Verbindung steht, ein Kernelement der Überlegungen rund um Industrie 4.0 (vgl. Kap. 2 oben). Als ein erstes Ding im Internet der Dinge kann ein Cola-Automat an der Carnegie Mellon University in Pennsylvania aus dem Jahre 1982 gelten, wobei Informationen über Füllstand und Kühlung bereitstellt wurden (Carnegie Mellon University 2005).

Befasst man sich mit Digitalisierung und Industrie 4.0 für eine **Energiewirtschaft 4.0**, so erfordert dies – wie in Kap. 3 deutlich wird – zusätzlich die Einbeziehung von energiewirtschaftlich geprägter Vernetzung, die vielfältig ist und insbesondere 1) in der zugehörigen Wertschöpfung vor allem auch mit Blick auf Erzeugung (und Speicherung) sowie Transport/Verteilung sowie 2) auch in der gesellschaftlichen Verankerung einer komplexen und bedeutsamen Branche begründet liegt.

2.3   Künstliche/technische/maschinelle Intelligenz

Der Mensch wurde nach und nach in seinen Spielen besiegt: Backgammon/1979, Othello/1997, Schach/1997, Scrabble/2002, Bridge/2005 und Jeopardy!/2010 (Bostrom 2014). Im Jahr 2016 geschah dies für Go und im darauffolgenden Jahr für Poker. Mit Beginn des Jahres 2017 gewinnt die Software *Libratus* von Tuomas Sandholm und Noam Brown von der Carnegie Mellon University einen 20-tägigen Poker-Marathon gegen vier der weltbesten menschlichen Pokerspieler, wobei *Libratus* hierbei einen durchaus beachtlichen Grad an 1) strategischer Entscheidungsfähigkeit bei unvollkommener Informationslage und 2) die Fähigkeit zu bluffen demonstriert (Spice 2017). Etwas mehr als zwei Jahre später wird berichtet, dass die Software Pluribus nicht allein im Zweispieler-Pokerspiel wie Libratus, sondern in einem Sechsspieler-Pokerspiel gewinnt (Hsu 2019). Es zeigt sich, dass künstliche Intelligenz (KI) teilweise dem Menschen überlegen ist und zwar im Bereich kognitiver Intelligenz (schnelle Analyse großer Mengen an Daten und Handlungsoptionen), jedoch bleibt der Mensch bezüglich sensomotorischer Intelligenz überlegen in Sensorfusion und Feinmotorik (Wahlster 2017) und bezüglich emotionaler und sozialer Intelligenz „gibt es bei KI-Systemen noch große Schwächen und erst einfache Modelle für die Erkennung von Emotionen und sozialem Verhalten" (Wahlster 2017, o. S.).

▶   **Tipp** Mit dem Beitrag „Künstliche Intelligenz schlägt Mensch im Teamspiel" am 31. Mai 2019 berichtet ZEIT ONLINE über den Einsatz künstlicher (oder auch technischer oder maschineller) Intelligenz in einem Teamspiel.

Ein hohes Niveau an Sinngebung kann heute als Bereich gelten, in dem der Mensch künstlicher Intelligenz voraus ist (Davenport 2016) und dies gilt – neben Wahrnehmung und Feinmotorik sowie sozialer Intelligenz – ebenso für kreative Intelligenz beispielsweise in der Kunst und beim kreativen Lösen von Problemen (Dengler und Matthes 2015; Frey und Osborne 2013).

> "[…], no computer has yet displayed **creativity**, **entrepreneurialism**, or **cultural agility**.
> […], our potential to master far transfer is **our competitive advantage over intelligent machines**. [Hervorhebungen ergänzt]" (Aoun 2017, S. 87)

Verbunden mit Begriffen wie Superintelligenz, Intelligenzexplosion und technologische Singularität wird kontrovers diskutiert, ob und inwieweit in Zukunft künstliche (oder auch technische oder maschinelle) Intelligenz menschliche Intelligenz übertreffen kann. Es haben insbesondere Bill Gates, Stephen Hawking und Steve Wozniak bereits vor den Gefahren künstlicher Intelligenz gewarnt (Ludwig 2015).

KI-Technologien und KI-Anwendungen
Seifert et al. (2018, S. 14, 15) unterscheiden diese sieben Kategorien für KI-Technologien

- Kognitive Modellierung,
- Natural Language Processing,
- Semantische Technologien,
- Computer Vision,
- Machine Learning,
- Aktionsplanung und Optimierung sowie
- Neuromorphic Computing

und diese **neun Kategorien für KI-Anwendungen**

- Predictive Analytics,
- Optimiertes Ressourcenmanagement,
- Qualitätskontrolle,
- Intelligente Assistenzsysteme,
- Wissensmanagement,
- Robotik,

- Autonomes Fahren und Fliegen,
- Intelligente Automatisierung sowie
- Intelligente Sensorik,

wobei vielfältige Verknüpfungen bestehen, für die Seifert et al. (2018, S. 23) bei Anbietern sowie Forscherinnen und Forschern Schwerpunktbezüge wie Semantische Technologien<>Wissensmanagement, Machine Learning<>Predictive Analytics und Computer Vision<>Autonomes Fahren und Fliegen feststellen.

Die Diskussion einer solchen Vielfalt mit Blick auf den Einsatz konsequent zum Wohle des Menschen hat erst begonnen und im Jahre 2019 lässt die Europäische Kommission verbunden mit „Ethics guidelines for trustworthy AI" die „Trustworthy AI Assessment List" diskutieren.

▶ **Tipp** Auf der Internetseite der Europäischen Kommission (2019) lässt sich unter „Ethics guidelines for trustworthy AI" zu diesen Entwicklungen nachlesen (vgl. Internetlink im Literaturverzeichnis).

2.4 Kompetenzen und Management im digitalen Zeitalter

Inwieweit und wohin sich Kompetenzanforderungen und Management im digitalen Zeitalter entwickeln gehört zu den drängenden lebensnahen Fragestellungen unserer Zeit. Dabei lassen sich Arbeiten und Lernen eng verbunden denken (Deckert 2019) verknüpft mit Fragen wie: Lernen wir „lifelong" oder auch „lifewide" (Campbell und Schwier 2014, S. 364)? Dabei geht es heute sowohl um eng mit Technik und weniger eng mit Technik verbundene Kompetenzanforderungen, die geeignet zu verknüpfen sind.

▶ **Tipp** Die Kultusministerkonferenz (2016) hat unter der Überschrift „Kompetenzen in der digitalen Welt" Kompetenzbereiche entwickelt, die auf der KMK-Internetseite nachgelesen werden können (vgl. Internetlink im Literaturverzeichnis). Nach einer Befragung von Unternehmen seitens des Stifterverbandes für die Deutsche

Wissenschaft (2016) werden für Hochschulausbildung **überfachliche Kompetenzen** (71 %) wichtiger, wobei spezialisiertes Wissen (54 %), methodische Kompetenzen (43 %) und Grundlagenfachwissen (32 %) folgen.

Für jeden einzelnen Menschen und speziell für das Management stellen sich umfassende Anforderungen, wobei es in Zukunft vor allem auch wichtig ist, **techn(olog)ische, ökonomische, ökologische** und **soziale Entwicklungen verantwortungsvoll integriert und balanciert** zu **gestalten.** Dies gilt einmal mehr für Führungskräfte und Beschäftige in einer – auf regionaler und auf nationaler Ebene – vielfältig gesellschaftlich verankerten Energiewirtschaft, die sich um das für unsere Zukunft bedeutsame Ereignis- und Handlungsfeld „Energie" kümmert.

Hintergründe zu Digital Future of Management

Hier http://marketing.mitsmr.com/offers/FR2016/MITSMR-Frontiers-collection.pdf (abgerufen am 14.07.2019) in einer Sonderausgabe des MIT Sloan Management Review findet sich eine lesenswerte Zusammenstellung an Themenstellungen zur digitalen Zukunft von Management.

Auf dem Weg zur Energiewirtschaft 4.0

Eine – analog zum Ereignis-, Gedanken- und Handlungskomplex „Industrie 4.0" – zunehmend durch Digitalisierung, weitere Vernetzung und künstliche (oder auch technische oder maschinelle) Intelligenz gekennzeichnete „Energiewirtschaft 4.0" bietet selbst ein weites Handlungsfeld mit hoher Bedeutung für die zukünftige Entwicklung der Gesellschaft; und dies auch im Sinne nachhaltiger Entwicklung. Die nachfolgenden Ausführungen fokussieren zwecks Erlangung eines Einstiegs für eine breite Zielgruppe auf ausgewählte Grundstrukturen, Entwicklungen, technologische Bausteine und – mitunter strategisch relevante – Erfolgsfaktoren für den digitalen Wandel.

3.1   Die deutsche Energiewirtschaft im Überblick

Die Energiewirtschaft ist von essenzieller Bedeutung für jede Volkswirtschaft. Energie, die verbunden mit vielfältigen technischen Vorgängen beispielsweise aus Elektrotechnik, Wärme-/Kältetechnik, Kraftwerkstechnik, Verbrennungstechnik oder Energiespeichertechnik für den Menschen nutzbar ist, ermöglicht u. a. erst industrielle Produktion, die Erbringung von Dienstleistungen, weitreichende Mobilität und ein behagliches Zuhause. Energie beeinflusst hierdurch den Handlungsspielraum und den Wohlstand einer jeden Volkswirtschaft mit. Es ist somit im nationalen Interesse eines jeden Landes eine stabil funktionierende langfristig ausgelegte Energieinfrastruktur zu errichten, zu betreiben, dem technischen Stand entsprechend auszubauen und kontinuierlich zu optimieren. Energieautarke Nationen verfügen darüber hinaus über einen wesentlichen (geopolitischen) strategischen Vorteil im weltweiten Wettbewerb.

© Springer Fachmedien Wiesbaden GmbH, ein Teil von Springer Nature 2020   11
R. Deckert und A. Saß, *Digitalisierung und Energiewirtschaft,* essentials,
https://doi.org/10.1007/978-3-658-27791-8_3

Gleichwohl für viele Unternehmen und private Haushalte die Nutzung fossiler Energieträger (z. B. Öl oder Gas) u. a. für Wärme und auch Kälte ebenfalls eine hohe Bedeutung hat, fokussieren sich die Ausführungen in den folgenden Abschnitten auf die flexibelste und durchgängig verbreitete Art und Weise der Bereitstellung von Energie mittels elektrischem Strom (im folgenden nur „Strom" oder „Elektrizität" genannt). Strom ist ein sehr anschauliches Beispiel, da dieser allerorts verbreitet ist und jeder täglich Strom nutzt (Licht, Computer, Maschinen, etc.). Zudem steht Elektrizität aktuell im Zentrum vieler gesellschaftlich relevanter Diskussionen, z. B. der Sektorkopplung von Verkehr und Elektrizitätswirtschaft in Form der Elektromobilität und der Energiewende weg von fossilen Brennstoffen (vornehmlich Braun- und Steinkohle) hin zu erneuerbaren Energieträgern wie z. B. Wind und Sonne. Als Besonderheit im Vergleich zu anderen Energieträgern wie beispielsweise Erdgas ist zu beachten, dass Elektrizität – sofern keine direkte (Zwischen-)Speicherung erfolgt – im Moment der Erzeugung wieder verbraucht werden muss.

3.1.1 Branchenstruktur

Die Struktur der deutschen Energiewirtschaft ist heterogen und fragmentiert. Neben vier vergleichsweise großen (u. a. gemessen an Umsatz/Absatz und Anzahl Beschäftigten) und international tätigen Unternehmen, (ko)existiert mit über 1000 Stadtwerken eine Vielzahl an (über)regional geprägten Unternehmen. Die großen internationalen Unternehmen agieren vornehmlich fokussiert auf Strom und Gas, die Stadtwerke aufgrund der regionalen Präsenz auch in vielen weiteren Bereichen, wie ÖPNV, Fernwärme, Bäder, Wasser/Abwasser oder Telekommunikation. Somit sind Stadtwerke auch in Bereichen tätig, die teilweise – verbunden mit der gewünschten sozialverträglichen Preisgestaltung – nicht eigenständig wirtschaftlich überlebensfähig wären. Hier fließen dann insgesamt dinglich, menschlich, energiewirtschaftlich und sozial geprägte Vernetzung zusammen (vgl. auch Abschn. 2.2).

Die gesellschaftsrechtlich verankerte Verknüpfung innerhalb der Branche ist ausgeprägt. Zum einen sind die großen vier direkt oder indirekt an einer Vielzahl von Stadtwerken beteiligt, zum anderen beteiligen sich – insbesondere die größeren Stadtwerke – auch wieder direkt oder indirekt – z. B. über entsprechende Beteiligungsgesellschaften – an Stadtwerken und/oder gründen mit anderen Stadtwerken gemeinsam Zweckverbünde. In Kombination mit den kommunalen Beteiligungen an Stadtwerken ergibt sich ein komplexes und weitestgehend statisches Gefüge. Zur Förderung des internen strukturierten Austauschs, der Bündelung von Interessen und einem geschlossenen Außenauftritt ist die Branche in handlungsfähigen Verbänden (z. B. BDEW und VKU) organisiert.

Die deutsche Elektrizitätsversorgung beschäftigt über 200 Tsd. Personen (DESTATIS 2017). Dies entspricht ca. 0,5 % der in Deutschland Beschäftigten (DESTATIS 2019).

3.1.2 Wertschöpfung und zugehörige Herausforderungen

Die Elektrizitätswirtschaft lässt sich in vier Wertschöpfungsstufen bzw. -bereiche unterteilen: Erzeugung (und Speicherung), Transport/Verteilung, Handel/Beschaffung und Vertrieb. Die nachfolgenden Ausführungen fokussieren – wie in Abschn. 3.1 beschrieben – in besonderer Weise auf die Elektrizitätswirtschaft.

Erzeugung (und Speicherung)
- Die Erzeugung wandelt Primärenergie z. B. verbunden mit Braun-/Steinkohle, Gas, Wasser, Wind, Sonne, etc. zu Sekundärenergie z. B. verbunden mit elektrischem Strom um.
- Die Bruttostromerzeugung in Deutschland beträgt ca. 650 TWh, davon entfallen im Jahr 2018 ca. 53 % auf konventionelle fossile Energieträger (Braunkohle, Steinkohle, Erdgas, Mineralölprodukte) sowie übrige Energieträger, ca. 35 % auf erneuerbare Energien und ca. 12 % auf Kernkraftwerke (DESTATIS 2018).

Wesentliche Herausforderungen in der Erzeugung liegen u. a. in
- Ausgleich zukünftig wegfallender grundlastfähiger zentraler Großkraftwerke (Kernkraftwerke und Braun-/Steinkohlekraftwerke).
- Ausbau dezentraler und oftmals volatil erzeugender erneuerbarer Energieanlagen und deren Integration in das Gesamtsystem.
- Bereitstellung ausreichender kurzfristig verfügbarer flexibler Kraftwerke und Speicher zum Ausgleich des Angebots entsprechend der Nachfrage.

Transport-/Verteilnetz

- Übertragungsnetzbetreiber transportieren mittels Höchstspannungsnetzen (380 und 220 kV) den Strom über weite Distanzen und binden das deutsche Stromnetz an die Nachbarländer an. Unterhalb des Übertragungsnetzes ist das Verteilnetz angesiedelt, welches den Strom – über die Hoch- (110 kV)/Mittel- (35 bis 10 kV)/Niederspannungsebenen (0,4 kV) – bis zum Endverbraucher verteilt.
- Das deutsche Transportnetz umfasst ca. 37.500 km und das Verteilnetz über 1.800.000 km (BNetzA 2019).
- Stromnetze sind natürliche Monopole, da es ökologisch wie ökonomisch nicht vorteilhaft ist parallele Netze zu betreiben. Sie unterliegen staatlicher Regulierung.

Wesentliche Herausforderungen die Netze betreffend liegen u. a. in
- Anpassung der Übertragungsnetzinfrastruktur an die sich wandelnden Erzeugungsgegebenheiten (insbesondere Offshore Windenergie Norddeutschland) bei gleichbleibenden Verbrauchsschwerpunkten (insbesondere Süddeutschland).
- Anpassung der Verteilnetze an verändertes Verbrauchsverhalten (z. B. Elektromobilität) und zunehmende Eigenerzeugung (z. B. häusliche PV-Anlagen).
- Umbau zu intelligenteren und flexibler steuerbaren Netzinfrastrukturen, die die Ausregelung des Netzes auch auf niedrigerer Spannungsebene ermöglicht und somit einen stärkeren Beitrag zur Systemstabilität leisten kann.

Handel/Beschaffung

- Der Handel ermöglicht den Ein- und Verkauf vom Strom an Strombörsen und es erfolgt – sofern für das jeweilige Unternehmen relevant – auch der Einkauf von Primärenergieträgern (z. B. Steinkohle und Gas) für die Wertschöpfungsstufe Erzeugung.
- Die größeren Versorger verfügen über eigene Handelseinheiten, die kleineren Versorger bündeln oftmals ihren Bedarf oder nutzen einen spezialisierten Dienstleister.

Wesentliche Herausforderungen im Handel liegen u. a. in
- Weiterentwicklung der Prognosefähigkeiten, um Marktentwicklungen frühzeitiger zu erkennen.
- Automatisierter Handel, um auf Marktchancen schneller, flexibler und objektiver reagieren zu können.
- Kontinuierliche Weiterentwicklung eines stringenten internen Risk-/ Margenmanagements sowie Umsetzung und Monitoring regulatorischer Vorgaben.

Vertrieb
- Im Vertrieb erfolgt eine idealerweise ganzheitliche Betrachtung der Kundenprozesse. Es werden Stromprodukte und Dienstleistungen entwickelt und an die entsprechenden Kundensegmente vertrieben sowie die Verträge abgewickelt und den Kunden entsprechender Service zur Verfügung gestellt.
- Der Stromabsatz (Verbrauch) über alle Sektoren liegt in Deutschland um 525 TWh pro Jahr (BDEW 2019).
- Die Elektrizitätsversorger in Deutschland verfügen i. d. R. über jeweils eine eigene Vertriebsstruktur.

Wesentliche Herausforderungen im Vertrieb liegen u. a. in
- Wirtschaftliche Neukundengewinnung und Halten von wirtschaftlichen Bestandskunden.
- Reduzierung der Abwicklungskosten mittels kosteneffizienter und weitestgehend automatisierter Prozesse, um bei sinkenden Margen die Wettbewerbsfähig aufrecht erhalten zu können.
- Breite Erfassung, Speicherung, Anreicherung und Auswertung von Informationen an sämtlichen Kundenkontaktpunkten zur Verbesserung der Customer Insights.

3.1.3 Digitaler status-quo

Die Basis der Elektrizitätswirtschaft bilden die kapitalintensiven Assets (Erzeugungsanlagen und Netzinfrastrukturen) mit ihren langfristigen Investitionszeiträumen von i. d. R. mehreren Jahrzehnten. Auf diese langfristig angelegte Infrastruktur setzen (seit der Liberalisierung) der computergestützte Handel und der wettbewerbsorientierte Vertrieb auf.

Die Berücksichtigung des jeweils möglichst aktuellen Stands industriell ausgereifter Technik bei initialen Investitionsentscheidungen und anschließenden Folgeinvestitionen ist seit jeher in der Branche Usus. Der Betrieb einer derart komplexen Infrastruktur ohne entsprechend moderne Steuerungs-/ Leitsysteme und Leitstände wäre schwerlich möglich, ebenso wenig wie der Stromhandel und der Vertrieb ohne entsprechende IT-Strukturen. Diese Rahmengebung übt stetig Druck in Richtung einer fortwährenden Verbesserung des digitalen status-quo der Elektrizitätswirtschaft aus. Die Herausforderungen liegen – wie in vielen anderen Branchen auch – in einem integrierten Betrieb ausgehend von zahlreichen (Alt-)IT-Anwendungen und deren sukzessive Ablösung oder Erweiterung durch aktuelle Lösungen und Technologien. An diesem Punkt sind unterschiedliche Geschwindigkeiten bei der Modernisierung und weiteren Digitalisierung des Geschäfts bei den Unternehmen erkennbar. An einem Ende steht eine Gruppe progressiver Unternehmen, die ihre IT ganzheitlich und übergreifend infrage stellen und ergebnisoffen prüfen, 1) wie eine zukünftige, modern integrierte IT-Landschaft – nach besten Wissen und Gewissen – aussehen sollte, 2) welche technischen und wirtschaftlichen Vorteile sich für das Unternehmen daraus ergeben würden und 3) wie eine erfolgversprechende schrittweise Umsetzung aussehen könnte. Diese Unternehmen starten und verfolgen die Umsetzung entsprechend ambitioniert. Am anderen Ende finden sich konservativere Unternehmen, die die Thematik eher fallweise, bedarfsorientiert und Insel-/ Anwendungsbezogen angehen.

3.2 Disruption oder evolutionäre Entwicklung

Die Entwicklung der Energiewirtschaft kann – im Rückspiegel betrachtet – bisher eher als evolutionär charakterisiert werden. Neue Erzeugungstechnologien kamen dazu und die Energiewirtschaft wurde kontinuierlich auch unter dem Gedanken der Effizienz weiterentwickelt. Die Netze wurden sukzessive ausgebaut und modernisiert. Der Energiehandel wurde breit über Börsen ermöglicht und zügig professionalisiert. Der Vertrieb wurde kundenzentrierter und auch digitaler. Auch die zahlreichen politisch und gesellschaftlich getriebenen substanziell bedeutsamen Veränderungen für die Elektrizitätswirtschaft, wie die Liberalisierung, die Energiewende, der Kernenergieausstieg, der Kohleausstieg, Veränderungen in der Regulierung und die gewünschte nennenswerte Elektrifizierung der Mobilität sind – aufgrund der eher längeren Übergangszeiträume – evolutionärer Natur.

Die Branche hat sich in der Vergangenheit als eher mittel- bis langfristig anpassungsfähig erwiesen. Faktoren wie die Ertragskraft natürlicher Monopole, eine moderate Wechselbereitschaft in profitablen Kundensegmenten, ein vergleichsweise unemotionales Produkt, die Gesetzmäßigkeiten der Physik und ein gewisses Maß an Regulatorik können zu einer gewissen Robustheit gegenüber Veränderungen beigetragen haben.

In Anbetracht der komplexen industriellen Struktur, der langfristigen wie kapitalintensiven Investitionen und der volkswirtschaftlichen Bedeutung der Energieversorgung erscheinen disruptive Entwicklungen nur begrenzt möglich. Zugleich zeichnen sich vielfältige und bedeutsame Veränderungen ab und neue Player könnten versuchen lukrative Nischen zu besetzten. Diese Impulse stellen den status-quo immer wieder infrage und befördern somit die Optimierung des operativen Kerngeschäfts und die Entwicklung von Innovationen. Eine auch weiterhin evolutionäre Entwicklung könnte sich daher mit voraussichtlich im Vergleich zur Vergangenheit erhöhtem Tempo vollziehen.

3.3 Technologische Bausteine mit Erfolgspotenzial

Im Folgenden werden ausgewählte technologische Bausteine kurz und prägnant fokussiert charakterisiert, hinsichtlich ihres möglichen Potenzials eingeschätzt und kategorisiert, mit veranschaulichenden Beispielen je Wertschöpfungsstufe bzw. -bereich gedanklich greifbar gemacht und mit praktischen Hinweisen für die Umsetzung versehen.

3.3.1 Cloud

Die Cloud ermöglicht es eine Datenbasis dezentral zu nutzen, Anwendungen und Plattformen auf Entfernung einzusetzen und IT-Infrastruktur (u. a. Rechenkapazität, Speicherplatz) bedarfsorientiert skalierbar zu verwenden. Der Zugriff erfolgt in der Regel über das Internet und ist standortunabhängig. Die Daten können verschlüsselt gespeichert und übertragen werden sowie der geografische Speicher- und Verarbeitungsort bei vielen Anbietern gemäß den Kundenanforderungen eingeschränkt werden. Eine Charakterisierung und beispielhafte Verwendungsmöglichkeiten zeigt Abb. 3.1.

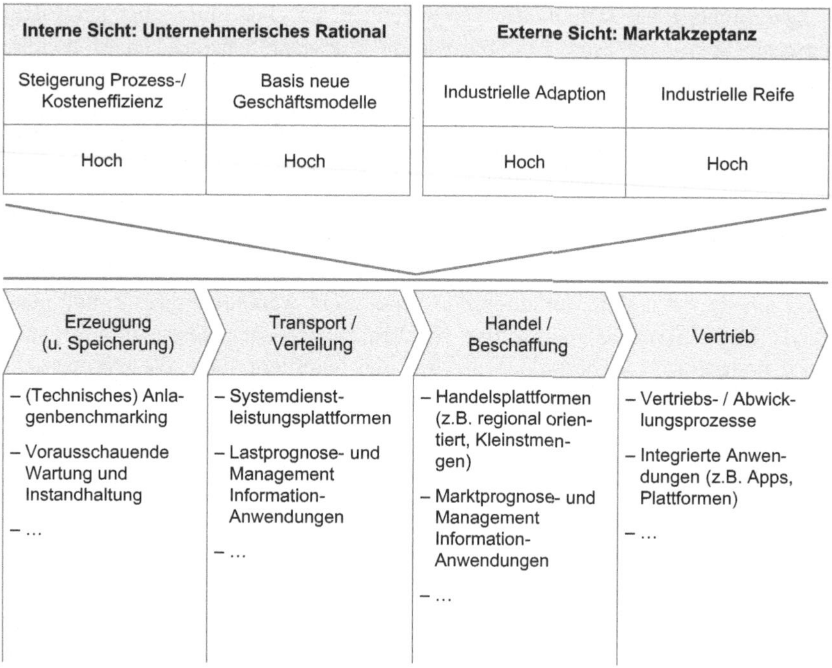

Interne Sicht: Unternehmerisches Rational		Externe Sicht: Marktakzeptanz	
Steigerung Prozess-/ Kosteneffizienz	Basis neue Geschäftsmodelle	Industrielle Adaption	Industrielle Reife
Hoch	Hoch	Hoch	Hoch

Erzeugung (u. Speicherung)	Transport / Verteilung	Handel / Beschaffung	Vertrieb
– (Technisches) Anlagenbenchmarking – Vorausschauende Wartung und Instandhaltung – …	– Systemdienstleistungsplattformen – Lastprognose- und Management Information-Anwendungen – …	– Handelsplattformen (z.B. regional orientiert, Kleinstmengen) – Marktprognose- und Management Information-Anwendungen – …	– Vertriebs- / Abwicklungsprozesse – Integrierte Anwendungen (z.B. Apps, Plattformen) – …

Abb. 3.1 Charakterisierung und beispielhafte Verwendungsmöglichkeiten für „Cloud"

Ausgewählte praktische Hinweise für die Umsetzung/Lessons Learned

- Strukturierte Datenerhebung (Daten, Quellen, Frequenzen, Qualität, Integrität, etc.)
- Detailliertes Nutzungskonzept (Wie und wofür werden die Daten genutzt?) mit darauf basierendem Kostenvergleich für potenzielle Cloud-Dienstleister
- Eigenständiges Sicherheitskonzept (Zugang, Verschlüsselung, etc.) mit regelmäßiger Überprüfung
- Sicherstellung der Rechtskonformität
- Explizite Berücksichtigung der Multicloudfähigkeit, um die Flexibilität in der Anbieterauswahl zu erhalten

3.3.2 Internet of Things

Das Internet of Things (IoT) bezeichnet die Verknüpfung von Objekten mittels Internet (beispielsweise auch verbunden mit Sensoren und Aktoren), sodass Kommunikation und Interaktion mit und zwischen den Objekten ermöglicht wird. Die Datenübertragung erfolgt spezifisch festgelegt auf den jeweiligen Anwendungsfall. Sie kann in Echtzeit/zeitversetzt, uni-/bidirektional sowie un-/verschlüsselt erfolgen. Insbesondere die fortgeschrittene Kostendegression für Sensoren und Kommunikation ermöglicht den zunehmend breiten wirtschaftlichen Einsatz (vgl. Abb. 3.2).

Interne Sicht: Unternehmerisches Rational		Externe Sicht: Marktakzeptanz	
Steigerung Prozess-/ Kosteneffizienz	Basis neue Geschäftsmodelle	Industrielle Adaption	Industrielle Reife
Hoch	Hoch	Mittel	Hoch

Erzeugung (u. Speicherung)	Transport / Verteilung	Handel / Beschaffung	Vertrieb
– Sensoren(-netz-werk) für Predictive Maintenance – Aufbau und Steuerung virtueller Kraftwerke / Speicher – …	– Sensoren(-netz-werk) für Predictive Maintenance – Optimierter Lastausgleich durch dynamische Steuerung von Verbrauchern – …	– Vermarktung virtueller Kraftwerke / Speicher – Betrieb Peer-to-peer Plattformen – …	– Erweiterte Dienstleistungsangebote (z.B. Home Automation, hauseigene Erzeugungsanlagen/-speicher) – Zeitvariable Strompreisprodukte – …

Abb. 3.2 Charakterisierung und beispielhafte Verwendungsmöglichkeiten für „Internet of Things"

Ausgewählte praktische Hinweise für die Umsetzung/Lessons Learned
- Offene Systeme wählen, vendor lock-in vermeiden
- Sensoren mit eigener den Notwendigkeiten angepasster Verarbeitungsfähigkeit („Intelligenz") bevorzugen
- Volle Integration in den Wertschöpfungsbereichen anstreben
- Eigene Betriebsexpertise aufbauen
- Datenportabilität sicherstellen

3.3.3   Low Power Wide Area Network

Das Low Power Wide Area Network (LPWAN) ist eine Funktechnologie, die insbesondere für IoT-Anwendungen genutzt werden kann. Das LPWAN bietet eine hohe Gebäudedurchdringung/-abdeckung (bis in Keller oder Schächte), arbeitet energieeffizient (Batterien in Sensoren halten ggf. auch bis zu 10 Jahre), ist für die Anbindung einer großen Anzahl an Sensoren – die eine geringe Datenanbindung benötigen – ausgelegt (massive Skalierung möglich) und ist kostengünstig mit wenig Antennen (auch in Großstädten) zu realisieren. In Abb. 3.3 findet sich ein Überblick zu LPWAN.

Ausgewählte praktische Hinweise für die Umsetzung/Lessons Learned
- Technologie und Anwendungen vom Markt beziehen, proprietäre Systeme sind i. d. R. nicht konkurrenzfähig
- Je mehr angeschlossene Geräte desto effizienter und wirtschaftlicher ist der Betrieb möglich
- Industrielle Standards für Authentifizierung und Verschlüsselung nutzen
- Regelmäßig Kommunikationsnetz scannen und auf Schwachstellen testen
- Eigenes Sicherheitskonzept erstellen und kontinuierlich aktualisieren

Interne Sicht: Unternehmerisches Rational		Externe Sicht: Marktakzeptanz	
Steigerung Prozess-/ Kosteneffizienz	Basis neue Geschäftsmodelle	Industrielle Adaption	Industrielle Reife
Hoch	Mittel	Mittel	Hoch

Erzeugung (u. Speicherung)	Transport / Verteilung	Handel / Beschaffung	Vertrieb
– Fernüberwachung Anlagen(segment)-daten – Fernsteuerung von Anlagen – …	– Fernüberwachung von Betriebsmitteln (z.B. Trafostationen) – Zählerfernauslesung – …	– Fernschaltung für virtuelle Kraftwerke / Speicher – …	– Vermarktung eigenes Funknetz – Erweiterte Dienstleistungen (z.B. Konzeption / Umsetzung / Betrieb von Insellösungen für Gewerbe-/Industriekunden) – …

Abb. 3.3 Charakterisierung und beispielhafte Verwendungsmöglichkeiten für „LPWAN"

3.3.4 Big Data und Big Data Analytics

Big Data und Big Data Analytics bezeichnet das Sammeln und Auswerten großer, komplexer Datenmengen, die sich im Zeitablauf verändern und unstrukturiert vorliegen können sowie mitunter neueste Technologien und Algorithmen zur Auswertung benötigen. Die Analyse von Big Data ermöglicht die Ableitung strategischer Entscheidungen sowie die Steuerung von operativen Prozessen (vgl. Abb. 3.4).

Interne Sicht: Unternehmerisches Rational		Externe Sicht: Marktakzeptanz	
Steigerung Prozess-/ Kosteneffizienz	Basis neue Geschäftsmodelle	Industrielle Adaption	Industrielle Reife
Hoch	Mittel	Hoch	Hoch

Erzeugung (u. Speicherung)	Transport / Verteilung	Handel / Beschaffung	Vertrieb
– Ableitung Predictive Maintenance Maßnahmen – Ursachenermittlung Störungen und Fehlfunktionen – …	– Ableitung Predictive Maintenance Maßnahmen – Höherwertige Simulationen / Prognosen zur Netzsteuerung – …	– Ableitung neuer Handelsstrategien – Optimierung von Portfolios – …	– Verbesserung customer insights – Ableitung neuer Produkte – …

Abb. 3.4 Charakterisierung und beispielhafte Verwendungsmöglichkeiten für „Big Data (Analytics)"

Ausgewählte praktische Hinweise für die Umsetzung/Lessons Learned
- In den Geschäftsprozessen fallen mehr Daten an, als oftmals erfasst und gespeichert werden
- Der Einbezug unstrukturierter Daten erhöht den Erkenntnisgewinn
- Erfahrung und Fachkenntnis sind essenziell, um Missinterpretationen bestmöglich zu vermeiden
- Die Datenherkunft muss bekannt und nachvollziehbar sein
- Die Daten sind aktuell und von hoher Qualität

3.3.5   Künstliche Intelligenz

Im Bereich Künstliche Intelligenz (KI) werden spezifische Methoden, Algorithmen und Technologien angewendet um automatisiert Klassifizierungen vorzunehmen

Interne Sicht: Unternehmerisches Rational		Externe Sicht: Marktakzeptanz	
Steigerung Prozess-/ Kosteneffizienz	Basis neue Geschäftsmodelle	Industrielle Adaption	Industrielle Reife
Hoch	Hoch	Mittel	Mittel

Erzeugung (u. Speicherung)	Transport / Verteilung	Handel / Beschaffung	Vertrieb
– Optimierung Anlageneffizienz – Automatisierte Anlagensteuerung – …	– Cybersecurity in Form von Anomalieerkennung bei Betriebsmitteln und Sensoren – Frühzeitige Fehlererkennung und optimiertes Asset Management – …	– Algo-Trading – Fraud-Analyse – …	– Automatisierter Kundenservice (z.B. Chatbots) – Neue Endkundenprodukte (z.B. Sicherheitslösungen für Haushalte) – …

Abb. 3.5 Charakterisierung und beispielhafte Verwendungsmöglichkeiten für „KI"

und Entscheidungsunterstützung zu leisten sowie ggf. auf dieser Basis auch automatisiert Entscheidungen zu treffen. Mitunter kann künstliche Intelligenz in der Interaktion mit uns wie eine menschliche Intelligenz wirken bzw. menschliche Züge tragen (bspw. eine „Stimme" haben). Basis für KI-Anwendungen sind oftmals neuronale Netze, die die grundlegende Funktionsweise der Neuronen des menschlichen Gehirns nachahmen. Neuronale Netze werden i. d. R. überwacht maschinell angelernt. Die Güte und der Umfang der Trainings- sowie der Testdaten sind ausschlaggebend für die Qualität der KI, wobei Risiken und Nebenwirkungen für ihren Einsatz zu berücksichtigen sein können (vgl. Kap. 1). Eine Charakterisierung und beispielhafte Verwendungsmöglichkeiten zeigt Abb. 3.5.

Ausgewählte praktische Hinweise für die Umsetzung/Lessons Learned
- KI-Anwendungen sind Spezialisten keine Generalisten
- KI-Anwendungsfälle sind in vielen Prozessen und Organisationseinheiten zu finden

- Das Training und die Optimierung umfangreicher KI-Anwendungen benötigt Erfahrung und hohe Fachkompetenz
- Der Umfang und die Qualität der Trainings- und Testdaten beeinflussen maßgeblich die KI-Güte
- Mit öffentlich – in Teilen kostenlos – verfügbaren Tools und Bibliotheken sind professionelle eigene KI-Anwendungen realisierbar

3.3.6 Virtual & Augmented Reality

Virtual Reality (VR) bezeichnet eine computergenerierte nicht real existierende Welt, die mithilfe von VR-Brillen und weiterem technischen Equipment erlebt werden kann. Bei Augmented Reality (AR) wird die reale Welt mit bzw. um zusätzliche(n) digitale(n) Informationen überlagert bzw. angereichert (z. B. in einer Brille, einem Smartphone oder Tablet). Ein Überblick findet sich in Abb. 3.6.

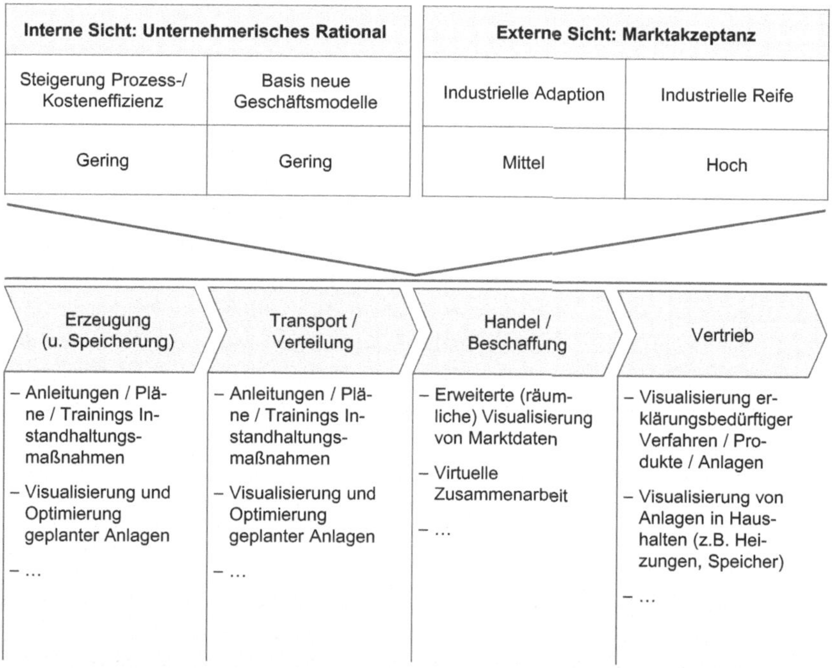

Interne Sicht: Unternehmerisches Rational		Externe Sicht: Marktakzeptanz	
Steigerung Prozess-/ Kosteneffizienz	Basis neue Geschäftsmodelle	Industrielle Adaption	Industrielle Reife
Gering	Gering	Mittel	Hoch

Erzeugung (u. Speicherung)	Transport / Verteilung	Handel / Beschaffung	Vertrieb
– Anleitungen / Pläne / Trainings Instandhaltungsmaßnahmen – Visualisierung und Optimierung geplanter Anlagen – …	– Anleitungen / Pläne / Trainings Instandhaltungsmaßnahmen – Visualisierung und Optimierung geplanter Anlagen – …	– Erweiterte (räumliche) Visualisierung von Marktdaten – Virtuelle Zusammenarbeit – …	– Visualisierung erklärungsbedürftiger Verfahren / Produkte / Anlagen – Visualisierung von Anlagen in Haushalten (z.B. Heizungen, Speicher) – …

Abb. 3.6 Charakterisierung und beispielhafte Verwendungsmöglichkeiten für „Virtual & Augmented Reality"

> **Ausgewählte praktische Hinweise für die Umsetzung/Lessons Learned**
> - Die Erstellung eigener Anwendungen ist komplex und erfordert breite Fachkenntnisse und Erfahrungen
> - Die Technologie funktioniert im operativen Einsatz typischerweise durchaus stabil
> - Der operative Mehrwert hängt maßgeblich von der Größe der zugrunde liegen Bibliothek ab

3.3.7 Blockchain

Die Blockchain fasst Transaktionen zu Blöcken zusammen, die im Anschluss miteinander verkettet und kryptografisch in einer Netzwerkstruktur gesichert werden. Die Blockchain bietet eine hohe Sicherheit gegen Manipulationen, da sich einmal geeignet persistierte Daten nicht mehr ohne weiteres ändern oder löschen lassen. Je nach Anzahl und Bekanntheits-/Vertrauensgrad der Nutzer sind unterschiedlich komplexe Ausprägungen mit direkter Auswirkung auf den Energieverbrauch und die Verarbeitungsgeschwindigkeit der Blockchain möglich. Weitere Informationen zeigt Abb. 3.7.

> **Ausgewählte praktische Hinweise für die Umsetzung/Lessons Learned**
> - Die Blockchain ist nur ein Baustein innerhalb einer System-Architektur
> - Programmfehler (z. B. in Smart Contracts) können reputative und wirtschaftliche Schäden nach sich ziehen
> - Die Entwicklung einer Blockchain, die industriellen Standards gerecht wird, ist komplex und aufwendig
> - Selektive Partnerschaften führen zu qualitativ besseren und schnelleren Ergebnissen
> - Die Blockchain ist nur eine von mehreren validen Umsetzungsoptionen

Interne Sicht: Unternehmerisches Rational		**Externe Sicht: Marktakzeptanz**	
Steigerung Prozess-/ Kosteneffizienz	Basis neue Geschäftsmodelle	Industrielle Adaption	Industrielle Reife
Mittel	Mittel	Mittel	Mittel

Erzeugung (u. Speicherung)	Transport / Verteilung	Handel / Beschaffung	Vertrieb
– Herkunftsnachweise – Marktintegration Photovoltaik-Dachanlagen und Speicher – …	– Automatisierte Vergütung Netzdienstleistungen (z.B. Redispatch) – Prozessintegration von Smart Grids – …	– Direkter B2B Handel (Substitution von Intermediären) – Regionalisierte P2P Marktplätze (z.B. für Kleinstmengen) – …	– Abrechnung Ladestationen – Kryptowährungsbasierte Kundenbindungsprogramme – …

Abb. 3.7 Charakterisierung und beispielhafte Verwendungsmöglichkeiten für „Blockchain"

3.3.8 3D-Druck

Der 3D-Druck bezeichnet einen Prozess, bei dem auf der Basis von digitalen 3D-Konstruktionsdaten durch das Ablagern/Verfestigen von Material (u. a. Kunststoffe, Harze, Metalle) Stück für Stück ein Objekt aufgebaut wird. 3D-Druck ermöglicht die Herstellung komplexer Formen sowie Geometrien beispielsweise auch in auf hohe Stabilität hin optimierter Leichtbauweise. Der Fokus liegt vor allem auf Einzelstücken (u. a. Prototypen, Ersatzteile) und Kleinserien, weniger in der Massenfertigung (Geschwindigkeits- und Stückkostennachteile). Einen Überblick gibt Abb. 3.8.

Interne Sicht: Unternehmerisches Rational		Externe Sicht: Marktakzeptanz	
Steigerung Prozess-/ Kosteneffizienz	Basis neue Geschäftsmodelle	Industrielle Adaption	Industrielle Reife
Gering	Gering	Mittel	Hoch

Erzeugung (u. Speicherung)	Transport / Verteilung	Handel / Beschaffung	Vertrieb
– Werkzeuge und Formen – Ersatzteile – …	– Werkzeuge und Formen – Ersatzteile – …	– …	– Individuelle Werbemittel – Neue Dienstleistungen (z.B. Kleinserien im Kundenauftrag) – …

Abb. 3.8 Charakterisierung und beispielhafte Verwendungsmöglichkeiten für „3D-Druck"

Ausgewählte praktische Hinweise für die Umsetzung/Lessons Learned

- 3D-Druck entspricht – in der professionellen Ausführung – industriellen Standards
- Es existiert ein breites Netzwerk an Dienstleistern/Zulieferern
- Die Größe druckbarer Teile ist stetig angestiegen, die Druckzeit hat sich verkürzt
- Fokus verschiebt sich von Rapid Prototyping auf individuelle und kurzfristig benötigte Ersatzteile
- Ermöglicht weiterführendes Dienstleistungsgeschäft und Optionen bei der Optimierung der Supply Chain

3.3.9   Robotic Process Automation

Die Robotic Process Automation (RPA) ist eine Technologie zur Automatisierung von strukturierten Geschäftsprozessen, die bislang durch manuelle Interaktion ausgeführt werden. Es ist ein naheliegender nächster Schritt in der Geschäftsprozessoptimierung. Verwendet wird spezielle Standardsoftware, die an die jeweilige Aufgabe angepasst bzw. angelernt wird. Der Level des Automatisierungsgrades wird aus Bereichen wie Daten, Aufgabentypen, Interoperabilität und künstliche Intelligenz heraus bestimmt. Ein Überblick findet sich in Abb. 3.9.

Interne Sicht: Unternehmerisches Rational		Externe Sicht: Marktakzeptanz	
Steigerung Prozess-/ Kosteneffizienz	Basis neue Geschäftsmodelle	Industrielle Adaption	Industrielle Reife
Hoch	Gering	Mittel	Hoch

Erzeugung (u. Speicherung)	Transport / Verteilung	Handel / Beschaffung	Vertrieb
– Lokale Verwaltungsprozesse (Grosskraftwerke) – Anlagendokumentationen – …	– Workforce Management – Lagerbewirtschaftung – …	– Informationsbeschaffung – Berichterstattung – …	– Vertragsmanagement – Kundenservice – …

Abb. 3.9 Charakterisierung und beispielhafte Verwendungsmöglichkeiten für „Robotic Process Automation"

> **Ausgewählte praktische Hinweise für die Umsetzung/Lessons Learned**
> - Erfolge lassen sich relativ schnell erzielen
> - Einfache Integration durch die Nutzung vorhandener Benutzerschnittstellen
> - Qualität und Akzeptanz nimmt mit der Komplexität der Aufgabe ab
> - Fokus liegt auf einfachen, repetitiven Aufgaben
> - Angemessenes Erwartungsmanagement betreiben und die betroffenen Organisationseinheiten rechtzeitig mit einbinden

3.3.10 Open Data

Mit Open Data werden Daten bezeichnet, die frei verfügbar sind und nach jeweils festgelegten Regeln weiterverarbeitet werden sowie weiterverbreitet werden dürfen. Die Daten dürfen jedoch nicht gegen Datenschutzbestimmungen verstoßen und personenbezogen sein. Quellen für Open Data sind wissenschaftliche Institutionen, Non-Profit-Organisationen, die öffentliche Verwaltung und in Teilen auch die Privatwirtschaft. Zusammenfassende Informationen zeigt Abb. 3.10.

> **Ausgewählte praktische Hinweise für die Umsetzung/Lessons Learned**
> - Relevanz verfügbarer Daten ist oftmals beschränkt
> - Die Qualität, Aktualität und Vollständigkeit ist oftmals nicht oder nur in Teilen nachvollziehbar
> - Hochwertige Open Data Quellen sind rar gesät
> - Open Data Quellen können Anwendungen mit hohem Nutzwert ermöglichen (z. B. Mobilitätsplanung von Haustür zu Haustür)

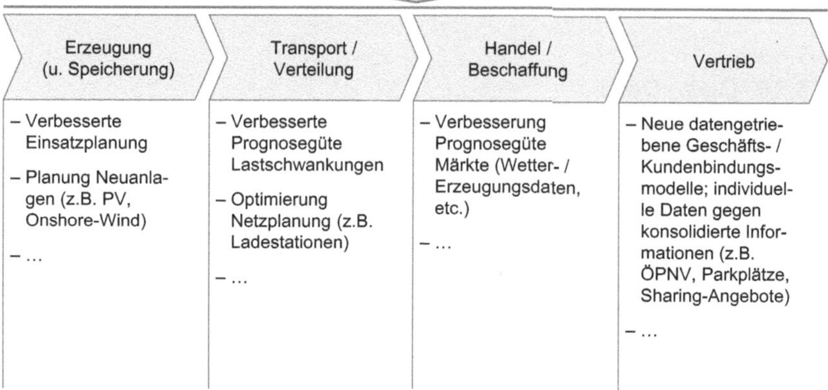

Abb. 3.10 Charakterisierung und beispielhafte Verwendungsmöglichkeiten für „Open Data"

3.3.11 Zusammenspiel und mögliche Priorisierung der Bausteine

Die im vorherigen Kapitel eigenständig vorgestellten Technologien entfalten oftmals ihr Potenzial erst in Kombination miteinander oder bauen sogar aufeinander auf. Die Abb. 3.11 zeigt Möglichkeiten für das Zusammenspiel der Technologien.

Aufgrund der begrenzten Kapazitäten eines jeden Unternehmens ist eine Fokussierung auf wichtige technologische Bausteine i. d. R. ratsam. Anhand der zuvor vorgestellten unterschiedlichen Charakterisierungen eines jeden Bausteines (vgl. Abschn. 3.3.1 bis 3.3.10) kann eine erste Priorisierung erfolgen, die sich in den wechselseitigen Zusammenhängen gut ergänzt (vgl. Abb. 3.12).

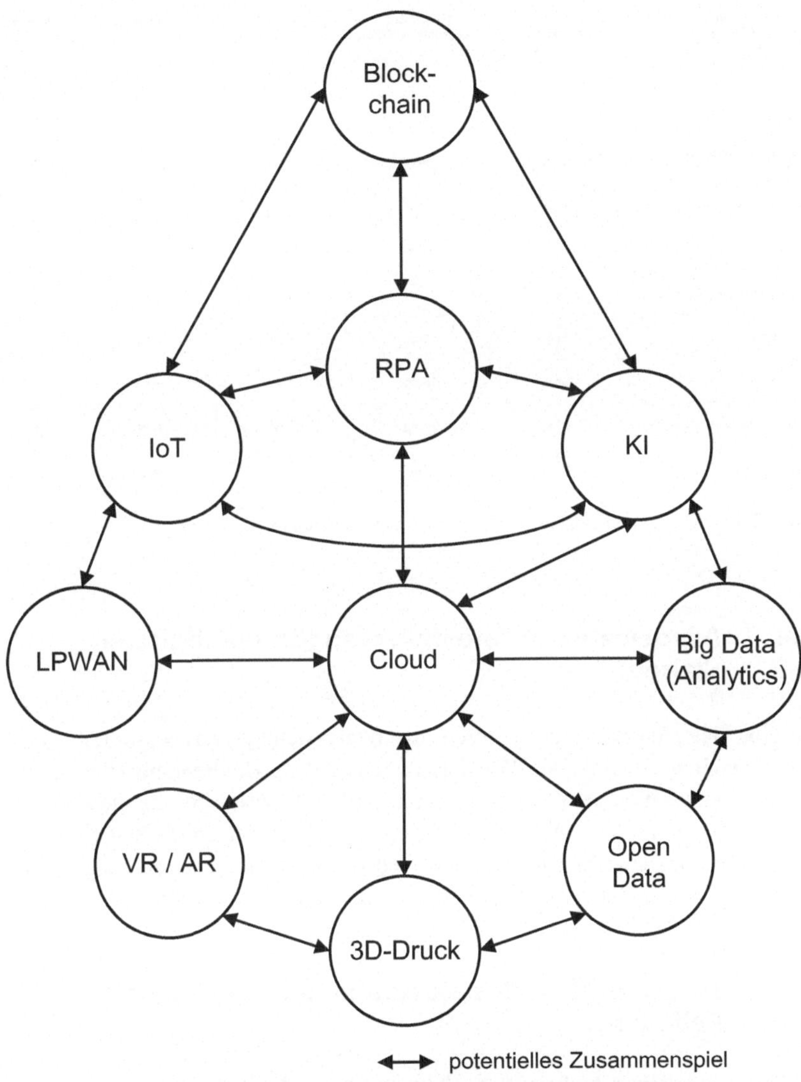

Abb. 3.11 Mögliches Zusammenspiel der technologischen Bausteine

Technologischer Baustein	Steigerung Prozess-/Kosteneffizienz	Basis neue Geschäftsmodelle	Industrielle Adaption	Industrielle Reife	Priorität
Cloud	Hoch	Hoch	Hoch	Hoch	A
Internet of Things	Hoch	Hoch	Mittel	Hoch	A
Low Power Wide Area Network	Hoch	Mittel	Mittel	Hoch	A
Big Data (Analytics)	Hoch	Mittel	Hoch	Hoch	A
Künstliche Intelligenz	Hoch	Hoch	Mittel	Mittel	A
Virtual & Augmented Reality	Gering	Gering	Mittel	Hoch	C
Blockchain	Mittel	Mittel	Mittel	Mittel	B
3D-Druck	Gering	Gering	Mittel	Hoch	C
Robotic Process Automation	Hoch	Gering	Mittel	Hoch	B
Open Data	Mittel	Mittel	Gering	Mittel	C

Abb. 3.12 Mögliche Erstpriorisierung der technologischen Bausteine

3.4 Ausgewählte Erfolgsfaktoren für den digitalen Wandel

Es gibt viele Aspekte und Faktoren, die berücksichtigt werden sollten, um die Möglichkeiten des digitalen Wandels für das eigene Unternehmen bzw. für die eigene Organisation erfolgreich zu nutzen. Eine Auswahl der aus unserer Sicht grundlegendsten und relevantesten hieraus ist auf den folgenden Seiten prägnant dargestellt. Die jeweilige Gewichtung und die konkrete Ausgestaltung sollte in Abhängigkeit von der spezifischen Unternehmenssituation erfolgen.

3.4.1 Schonungslose Bestandsaufnahme (inkl. digitaler Reifegrad)

Wer vom falschen Punkt startet, schaut anders auf das Ziel.

Am Anfang des Diskussionsprozesses und jedweder Planung über die langfristig angestrebte Unternehmens- bzw. Organisationsentwicklung rund um den digitalen Wandel sollte die Aufnahme der eigenen Ist-Situation stehen. Wo steht das

Unternehmen bzgl. der eigenen Erwartungen, wo gegenüber den identifizierten Wettbewerbern? Welche Projekte verlaufen planmäßig, welche sind im Verzug bzw. liegen über dem geplanten Budget und welche Projekte sind nicht mehr erfolgversprechend? Die ehrliche und schonungslose Bestandsaufnahme ist die Basis für den konstruktiven Diskurs und die Erarbeitung wirksamer (strategischer) Konzepte und Maßnahmen.

Zur Strukturierung und Objektivierung der Diskussion zu den insgesamt komplex anmutenden Auswirkungen rund um Digitalisierung, Vernetzung und künstliche (oder auch technische oder maschinelle) Intelligenz bietet es sich beispielsweise an, interne Know-How-Träger mit externen Experten zusammenzubringen. Der Einbezug Externer kann die Moderation des Gesamtprozesses unterstützen: So können die richtigen – manchmal auch unbequemen – Fragen gestellt, die Diskussion fokussiert gesteuert und die (Zwischen-)Ergebnisse transparent festgehalten werden. In der Diskussion können objektivierende Tools (z. B. digitales Reifegradmodell) verwendet werden, um eine datenbasiert objektivierte Positionierung zu ermöglichen und gleichzeitig „Anregungen" sowie Impulse zu erhalten. Ob ein solcher Prozess im kleinen oder großen Kreis, in einer Klausur oder mehrstufig abläuft, sollte von der Größe des Unternehmens und der Verfügbarkeit des relevanten Personenkreises abhängig gemacht werden. Jedoch sollte darauf geachtet werden den Prozess stringent und zeitlich durchaus ambitioniert durchzuführen, um zügig Ergebnisse in ansprechender Güte zu erhalten.

3.4.2   Klare Strategie als Anker

Wer nicht weiß wo er hinwill, landet irgendwo.

Die Strategie sollte – mit sinnvollen Zwischenetappen – den Weg beschreiben, wie die verantwortlich handelnden Akteure im Unternehmen bzw. in der Organisation die Ziele erreichen möchten. Die Strategie sollte in sich konsistent, klar formuliert und ausreichend granular sein, sodass Verantwortlichkeiten eindeutig zugeordnet werden können und möglichst interpretationsfrei bewertbar bzw. messbar sind.

Hinsichtlich der Wandlung der internen IT beispielsweise von einem ursprünglichen Cost Center im Unternehmen hin zu einer strategischen Kernkompetenz sollten umfänglich die eigenen technischen Potenziale/Möglichkeiten mit Blick auf Kosteneffizienz, Wachstumsmöglichkeiten und neuer Geschäftsmodelle für das eigene Unternehmen analysiert und mit entsprechenden Maßnahmen versehen werden.

3.4.3 Roadmap & Kommunikation

„Die richtigen Zwecke liegen nicht auf der Straße." (Niklas Luhmann)

Die Erstellung einer Roadmap mit den wichtigsten Schritten und Meilensteinen dient einer prägnanten, mitunter bewusst auch plakativen und übersichtlichen Darstellung der Strategie. Die Roadmap ist ein wesentliches kommunikatives Element, um die Eckpfeiler der Strategie in komprimierter Form zu den Mitarbeitern im Unternehmen zu transportieren, ohne dabei schützenswerte Interessen zu tangieren. Auch die Kommunikation über die Umsetzung der Strategie sollte regelmäßig erfolgen und als für Lob, Kritik und Anregungen offene Feedbackschleife durch und für das Management etabliert werden.

3.4.4 Mindset Mitarbeiter & offene Unternehmenskultur

„Kultur isst Strategie zum Frühstück." (wird Peter Drucker zugeschrieben)

Die fokussierte Umsetzung der Strategie mit den korrespondierenden Maßnahmen im operativen Tagesablauf obliegt den jeweils verantwortlichen Fach- und Führungskräften, die somit einen wesentlichen Teil zum Unternehmenserfolg beitragen. Je offener im Unternehmen über Erfolge, Misserfolge, Missstände, Verbesserungspotenziale und Möglichkeiten hierarchieübergreifend gesprochen werden kann, desto höher ist die Chance, dass die daraus resultierenden Chancen und Verbesserungsmöglichkeiten in die strategischen wie operativen Planungen und Konzepte erfolgswirksam mit einfließen können. Insbesondere vor dem Hintergrund des sich beschleunigenden technischen Wandels liegt hier ein nennenswertes Potenzial für die Verbesserung der Wettbewerbsfähigkeit und zur Steigerung der Attraktivität als Arbeitgeber für gesuchtes Personal mit der geeigneten Fachexpertise.

3.4.5   Ausgewogene Kompetenzmatrix

„Der Genius weist den Weg, das Talent geht hin." (Marie von Ebner-Eschenbach)

Basierend auf der operativen Geschäftstätigkeit, der Unternehmensstrategie und den darauf basierenden konkreten Maßnahmen können die essenziellen Kompetenzfelder strukturiert identifiziert werden. Aus dem Abgleich mit den im Unternehmen vorhandenen Fähigkeiten resultiert die Kompetenzlücke. Sofern die Lücke substanziell ausfällt sollte eine entsprechende Priorisierung der aufzubauenden/zu erweiternden Kompetenzen vorgenommen werden, um eine Überforderung im Unternehmen bzw. in der Organisation zu vermeiden. Lücken mit hoher strategischer Relevanz sollten vornehmlich durch eigenes Personal (Fort-/ Weiterbildung, Recruiting, Personalberater) geschlossen werden, insbesondere für Lücken mit reduzierter strategischer Relevanz bietet sich ggf. zunächst auch kurzfristige Entlastung durch Einbindung temporärer externer Unterstützung an.

3.4.6   Ernsthaftes Innovationsbestreben

„Neu – das ist in der Regel nur, was einer Generation neu vorkommt." (Ludwig Marcuse)

Mitunter wird die Innovations(un)fähigkeit von Unternehmen in den Medien diskutiert. Unabhängig davon, ob etablierte Unternehmen für fähig oder angeblich nicht fähig gehalten werden, Innovationen hervorzubringen, sollte auch hier die Devise gelten, objektiv und seriös zu analysieren. Sofern die eigene Erkenntnis vorherrscht, dass dies mit den eigenen Ressourcen erfolgreich bearbeitet werden kann, sollte entsprechend konsequent ein eigenes dezidiertes Team mit Mitarbeitern (die sich explizit für den Job beworben haben und die benötigten Skills mitbringen) zusammengestellt werden. Sofern es Zweifel an der eignen Umsetzungseignung gibt, kann ein entsprechend spezialisierter Dienstleister diese Funktion für das Unternehmen individuell ausfüllen. Erfolgskritisch ist es, die eigene Eignung ehrlich und offen zu hinterfragen und keine Art „Innovationstheater" zu veranstalten. Dies kann im Endeffekt den Markenkern schädigen, die Gesellschafter irritieren und schlussendlich Mitarbeiter und Kunden abschrecken.

3.4.7   Chancen erkennen & fokussiert verfolgen

Vor dem Umsatz steht die Investition.

Jedes gut etablierte Unternehmen verfügt über tiefe Expertise in seinem Marktumfeld und sieht und versteht die Marktentwicklung und die sich daraus ergebenden Chancen. Das intellektuelle durchdringen und die konzeptionelle Ausgestaltung von neuen Möglichkeiten erfolgt i. d. R. über die zuständigen Linienfunktionen. Eine übergeordnete konsequente Bewertung, relative Rangreihung und Umsetzungsauswahl der Möglichkeiten erfolgt mitunter nur spärlich. Um brachliegendes Potenzial festzustellen und zu nutzen, eignet sich insbesondere ein eigenständiges Innovationsboard, das – je nach Situation – interne und externe Erfahrung verbindet. Intern können neben Entscheidern aus dem Management auch erfahrene operative Beschäftigte hinzugezogen werden. Das Innovationsboard fördert die regelmäßige kontinuierliche Diskussion von eigenen Geschäftsideen und verfolgt gleichzeitig den Fortschritt bereits gestarteter Innovationsinitiativen. Am Ende kann dies zu einem sehr stringenten wie fokussierten Vorgehen führen. Das richtige Setting ermöglicht sowohl die fokussierte Einbindung der in Unternehmen immer heiß umkämpften und stark beanspruchten Leistungsträger wie auch deren Entlastung.

3.4.8   Bereitschaft für Partnerschaften

Wer digital nicht zügig skaliert, verliert.

Das aktuelle Zeitgeschehen bietet sehr viele und zugleich sehr vielfältige Themen, eine nicht selten hohe Entwicklungs-/Veränderungsgeschwindigkeit und in Teilen nicht kurzfristig lösbare Aufgaben (z. B. ausreichende Gewinnung kompetenter Mitarbeiter), sodass mitunter nicht sämtliche identifizierten Chancen in Eigenregie operativ erfolgreich umgesetzt werden können. Anstatt den Fokus zu verkleinern, bieten intelligente Formen an brancheninternen Partnerschaften die Möglichkeit mehr Ideen, in kürzerer Zeit und – aufgrund der sich komplementär ergänzenden Kundenbasis – zügig skaliert umzusetzen.

Zusammenfassung und Ausblick 4

Die Entwicklungen rund um Digitalisierung, eine – insbesondere auch energiewirtschaftlich geprägte – Vernetzung sowie künstliche (oder auch technische oder maschinelle) Intelligenz fordern hier eine sich traditionell evolutionär entwickelnde Branche heraus. Eine klassisch solide in Anlagegütern und inhärenter Ertragskraft sich gründende, komplex strukturierte Energiewirtschaft trifft auf viele und vielfältige Themenstellungen, die technisch und nicht-technisch geprägt sind. Das Handlungsfeld „Energie" ist von höchster Relevanz und zwar angefangen von der Versorgungssicherheit für die Wirtschaft und für die Gesellschaft insgesamt bis hin zum Wohlbefinden des einzelnen Menschen. Vor dem Hintergrund einer auch mit Digitalisierung verbundenen nachhaltigen Entwicklung (WBGU 2019) vergrößert sich diese Relevanz weiter.

Den sich hierbei stellenden Herausforderungen wirksam zu begegnen bedeutet 1) Veränderungen für jeden einzelnen Menschen und 2) für zukunftsfähig innovative Unternehmen und Organisation in der Energiewirtschaft strategisch klug geführte Veränderungen. Hierbei gilt es, die internen Kräfte in der Organisation und – je nach Bedarf – zusätzlich externe Kompetenz wirksam zusammenführen. Zukunftsfähigkeit erfordert Veränderungsprozesse, die hohe Komplexität weitestgehend kontrollierbar halten sowie Vielfalt und Dynamik im Sinne der Erreichung der Unternehmens- bzw. Organisationsziele wirksam nutzbar machen. Durch Offenheit und Klarheit getragene Veränderungsprozesse, die Vernetzung auch nach außerhalb von Unternehmen und Organisationen konsequent nutzen und gestalten, können die Umsetzung eigener Ideen für eine verbesserte Zukunft befördern. Hierbei treffen langjährig etablierte und mitunter große Unternehmen und Organisationen auf mögliche neue Geschäftsmodelle und wendige Marktteilnehmer frei von „Altlasten". Strom als klassisch eher emotionsloses Produkt kann sich zunehmend mit Emotionen verbunden wiederfinden (z. B. Elektromobilität)

© Springer Fachmedien Wiesbaden GmbH, ein Teil von Springer Nature 2020 37
R. Deckert und A. Saß, *Digitalisierung und Energiewirtschaft*, essentials,
https://doi.org/10.1007/978-3-658-27791-8_4

und der zugehörige Vertrieb sich einer zunehmend zu verbessernden Kunden-
zentrierung gegenüber gestellt sehen. Dies ist eingebettet in Notwendigkeiten
nachhaltiger Entwicklung, die mit Forderungen sowohl an Entscheidungsträger in
Politik und Wirtschaft wie auch an die Lebens- und Konsumgewohnheiten jedes
einzelnen Menschen einhergeht.

Was Sie aus diesem *essential* mitnehmen können

- Komprimierte Strukturen zur Einordnung ausgewählter Entwicklungen und Auswirkungen rund um Digitalisierung und Industrie/Energiewirtschaft 4.0
- Überlegungen zur Veränderungsdynamik auf dem Weg in Richtung Energiewirtschaft 4.0 fokussiert auf ausgewählte technologische Einflussfelder und wirtschaftliche Erfolgsfaktoren für den digitalen Wandel im Kontext von Branchenstruktur und Wertschöpfung
- Vielfältige Anknüpfungspunkte zu weiteren Offline/Online-Literaturquellen.

© Springer Fachmedien Wiesbaden GmbH, ein Teil von Springer Nature 2020

R. Deckert und A. Saß, *Digitalisierung und Energiewirtschaft*, essentials,

https://doi.org/10.1007/978-3-658-27791-8

Literatur

Aoun, J. E. (2017). *Robot-proof – Higher education in the age of artificial intelligence*. Cambridge: The MIT Press.

Ashton, K. (2009). That ‚internet of things' thing – In the real world, things matter more than ideas. *RFID Journal*. http://www.rfidjournal.com/articles/view?4986. Zugegriffen: 14. Juli 2019.

Bauer, W., Schlund, S., Marrenbach, D., & Ganschar, O. (2014). Industrie 4.0 – Volkswirtschaftliches Potenzial für Deutschland – Studie. Hrsg.: BITKOM, Das Fraunhofer-Institut für Arbeitswirtschaft und Organisation IAO. https://www.ipa.fraunhofer.de/content/dam/ipa/de/documents/UeberUns/Leitthemen/Industrie40/Studie_Vokswirtschaftliches_Potenzial.pdf. Zugegriffen: 14. Juli 2019.

BDEW. (2019). Stromverbrauch in Deutschland. https://www.bdew.de/media/documents/Nettostromverbrauch_nach_Verbrauchergruppen_Vgl_10J_o_online_jaehrlich_Ki_29032019.pdf. Zugegriffen: 18. Juli 2019.

Bendel, O. (2019). Industrie 4.0. Gabler Wirtschaftslexikon. https://wirtschaftslexikon.gabler.de/definition/industrie-40-54032. Zugegriffen: 14. Juli 2019.

BNetzA. (2019). Monitoringbericht 2018. https://www.bundesnetzagentur.de/SharedDocs/Downloads/DE/Allgemeines/Bundesnetzagentur/Publikationen/Berichte/2018/Monitoringbericht_Energie2018.pdf?__blob=publicationFile&v=6. Zugegriffen: 18. Juli 2019.

Bostrom, N. (2014). *Superintelligence – Paths, dangers, strategies*. Oxford: University Press.

Broussard, M. (2018). *Artificial Unintelligence – How computers misunderstand the world*. The MIT Press, Cambridge.

Brynjolfsson, E., & McAfee, A. (2017). The business of artificial intelligence, What it can – and cannot – do for your organization. Harvard Business Review. https://hbr.org/cover-story/2017/07/the-business-of-artificial-intelligence. Zugegriffen: 01. Juli 2018.

Campbell, K., & Schwier, R. A. (2014). Major movements in instructional design. In O. Zawacki-Richter & T. Anderson (Hrsg.), Online Distance Education (S. 345–380). Athabasca University: AU Press. https://doi.org/10.15215/aupress/9781927356623.01.

Carnegie Mellon University. (Hrsg.). (2005). CMU SCS coke machine. https://www.cs.cmu.edu/~coke/. Zugegriffen: 14. Juli 2019.

© Springer Fachmedien Wiesbaden GmbH, ein Teil von Springer Nature 2020

R. Deckert und A. Saß, *Digitalisierung und Energiewirtschaft,* essentials,

https://doi.org/10.1007/978-3-658-27791-8

Davenport, T. H. (2016). Rise of the strategy machines. MIT Sloan Management Review. Special Collection. Fall 2016 (S. 22–23). http://marketing.mitsmr.com/offers/FR2016/MITSMR-Frontiers-collection.pdf. Zugegriffen: 14. Juli 2019.

Deckert, R. (2018a). Strategische Mensch-Maschine-Partnerschaft. Ausbildungskongress der Bundeswehr. Vortrag. 5. September 2018. https://www.slideshare.net/ProfDrRonaldDeckert/strategische-menschmaschinepatnerschaft. Zugegriffen: 14. Juli 2019.

Deckert, R. (2018b). Strategische Mensch-Maschine-Partnerschaft. Fachtagung aus der Praxis für die Praxis – Digitalisierung und Pflege 4.0 erfolgreich gestalten. Vortrag. Diakonie Bochum. 12. November 2018. https://www.slideshare.net/ProfDrRonaldDeckert/slide-preview-strategische-menschmaschinepartnerschaft-stratmmp. Zugegriffen: 14. Juli 2019.

Deckert, R. (2019). *Digitalisierung und Industrie 4.0 – Technologischer Wandel und individuelle Weiterentwicklung.* Springer Gabler, Wiesbaden.

Deckert, R., & Günther, A. (2018). Digitalisierung und Industrie 4.0 – Eine Einführung zu ausgewählten neueren Entwicklungen in Wirtschaft und Gesellschaft. Digitaler HTML5-Studienbrief. HFH · Hamburger Fern-Hochschule. http://digitale-skripte.hfh-fernstudium.de/GBW/GBW005.html. Zugegriffen: 14. Juli 2019.

Deckert, R., & Langer, A. (2018). Digitalisierung und Technisierung sozialer Dienstleistungen. In A. Langer & K. Grundwald (Hrsg.), *Sozialwirtschaft – Handbuch für Wissenschaft und Praxis* (S. 872–889). Baden-Baden: Nomos.

Dengler, K., & Matthes, B. (2015). Folgen der Digitalisierung für die Arbeitswelt, IAB-Forschungsbericht 11/2015. http://doku.iab.de/forschungsbericht/2015/fb1115.pdf. Zugegriffen: 14. Juli 2019.

DESTATIS. (2017). Fachserie 4 Reihe 6.1, Produzierendes Gewerbe. https://www.destatis.de/DE/Themen/Branchen-Unternehmen/Energie/Beschaeftigte-Umsatz-Investitionen/Publikationen/Downloads-Beschaeftigte/beschaeftigung-umsatz-kostenstruktur-2040610177004.html. Zugegriffen: 18. Juli 2019.

DESTATIS. (2018). Bruttostromerzeugung in Deutschland. https://www.destatis.de/DE/Themen/Branchen-Unternehmen/Energie/Erzeugung/Tabellen/bruttostromerzeugung.html. Zugegriffen: 18. Juli 2019.

DESTATIS. (2019). Erwerbstätigkeit. https://www.destatis.de/DE/Themen/Arbeit/Arbeitsmarkt/Erwerbstaetigkeit/Tabellen/inlaender-inlandskonzept.html. Zugegriffen: 18. Juli 2019.

Dodds, P. S., Muhamad, R., & Watts, D. J. (2003). An experimental study of search in global social networks. *Science, 301*(5634), 827–829.

Europäische Kommission. (2019). Ethics Guidelines for Trustworthy AI. https://ec.europa.eu/futurium/en/ai-alliance-consultation. Zugegriffen: 06. Aug. 2019.

Forschungsunion Wirtschaft und Wissenschaft (Hrsg.). (2013). Perspektivenpapier der Forschungsunion – Wohlstand durch Forschung – Vor welchen Aufgaben steht Deutschland? https://www.fraunhofer.de/content/dam/zv/de/publikationen/Studien/Perspektivenpapier_der_Forschungsunion_2013.pdf. Zugegriffen: 14. Juli 2019.

Frey, C. B., & Osborne, M. A. (2013). The future of employment: How susceptible are jobs to computerization? University of Oxford. http://www.oxfordmartin.ox.ac.uk/downloads/academic/The_Future_of_Employment.pdf. Zugegriffen: 14. Juli 2019.

Hsu, J. (2019). Humans fold: AI Conquers Poker's Final Milestone – a new program outperforms professionals in six-player games. Could business, political or military applications come next? Scientific American. July 11, 2019. https://www.scientificamerican.com/article/ai-conquers-six-player-poker/. Zugegriffen: 18. Juli 2019.

Initiative D21. (2018). D21 Digital Index 2017/2018 – Jährliches Lagebild zur Digitalen Gesellschaft, Studie der Initiative D21 durchgeführt von Kantar TNS. https://initiatived21.de/app/uploads/2018/01/d21-digital-index_2017_2018.pdf. Zugegriffen: 14. Juli 2019.

Initiative D21. (2019). D21 Digital Index 2018/2019 – Jährliches Lagebild zur Digitalen Gesellschaft, Studie der Initiative D21 durchgeführt von Kantar TNS. https://initiatived21.de/app/uploads/2019/01/d21_index2018_2019.pdf. Zugegriffen: 14. Juli 2019.

Kagermann, H., Lukas, W.-D., & Wahlster, W. (2011). Industrie 4.0: Mit dem Internet der Dinge auf dem Weg zur 4. industriellen Revolution. VDI-Nachrichten. April 2011. http://www.vdi-nachrichten.com/Technik-Gesellschaft/Industrie-40-Mit-Internet-Dinge-Weg-4-industriellen-Revolution. Zugegriffen: 14. Juli 2019.

Kagermann, H., Wahlster, W., & Helbig, J. (Hrsg.) (2013). Umsetzungsempfehlungen für das Zukunftsprojekt Industrie 4.0: Deutschlands Zukunft als Produktionsstandort sichern. Abschlussbericht des Arbeitskreises Industrie 4.0. Berlin; Frankfurt, Main. https://www.bmbf.de/files/Umsetzungsempfehlungen_Industrie4_0.pdf. Zugegriffen: 14. Juli 2019.

Kane, G. C., Palmer, D., Phillips, A. G., Kiron, D., & Buckle, N. (2015). *Strategy, not technology, drives digital transformation – becoming a digitally mature enterprise.* MIT Sloan Management Review. Research Report. In Collaboration with Deloitte University Press. Summer 2015.

Katzenbach, C. (2018). Die Regeln digitaler Kommunikation – Governance zwischen Norm, Diskurs und Technik. In A. Hepp, F. Krotz, W. Vogelsang, & M. Hartmann (Hrsg.), *Reihe „Medien · Kultur · Kommunikation".* Wiesbaden: Springer.

Kultusministerkonferenz. (2016). Kompetenzen in der digitalen Welt. https://www.kmk.org/fileadmin/Dateien/pdf/PresseUndAktuelles/2017/KMK_Kompetenzen_in_der_digitalen_Welt_-neu_26.07.2017.html. Zugegriffen: 06. Aug. 2019.

Lange, S., & Santarius, T. (2018). *Smarte Grüne Welt? – Digitalisierung zwischen Überwachung, Konsum und Nachhaltigkeit.* München: oekom.

Lübbecke, M. (2015). Industrie 5.0. https://mluebbecke.wordpress.com/2015/12/16/industrie-5-0/. Zugegriffen: 14. Juli 2019.

Ludwig, T. (2015). Citizen Science – Big Data und Natürliche Intelligenz. Vortrag am 10.10.2015. Vorveranstaltung zum Ball der Universität Hamburg 2015.

Nachhaltigkeitsrat. (2017). Leben 4.0 fordert Gesellschaft und Politik heraus. https://www.nachhaltigkeitsrat.de/aktuelles/leben-4-0-fordert-gesellschaft-und-politik-heraus/. Zugegriffen: 14. Juli 2019.

Nicolai, A. T., & Schuster, C. L. (2018). Digitale Transformation. *WiSt – Wirtschaftswissenschaftliches Studium – Zeitschrift für Studium und Forschung, 18*(1), 15–21.

O'Neil, C., & Schutt, R. (2014). *Doing Data Science – straight talk from the frontline,* vol 3. O'Reilly Media, Sebastopol.

Seifert, I., Bürger, M., Wangler, L., Christmann-Budian, S., Rohde, M., Gabriel, P., Zinke, G. (2018). Potenziale der Künstlichen Intelligenz im produzierenden Gewerbe in Deutschland. Begleitforschung PAiCE. Berlin: IIT-Institut für Innovation und Technik in der VDI/VDE Innovation + Technik GmbH. https://www.bmwi.de/Redaktion/DE/Publikationen/Studien/potenziale-kuenstlichen-intelligenz-im-produzierenden-gewerbe-in-deutschland.pdf. Zugegriffen: 14. Juli 2019.

Shannon, C. E. (1948). A mathematical theory of communication. Reprinted with corrections from The Bell System Technical Journal 27, July, October, 379–423, 623–656. http://math.harvard.edu/~ctm/home/text/others/shannon/entropy/entropy.pdf. Zugegriffen: 14. Juli 2019.

Spice, B. (2017). Carnegie Mellon Artificial Intelligence Beats Top Poker Pros – Historic win at Rivers Casino is first against best human players. www.cmu.edu/news/stories/archives/2017/january/AI-beats-poker-pros.html. Zugegriffen: 14. Juli 2019.

Stifterverband für die Deutsche Wissenschaft (Hrsg.). (2016). Hochschulbildung für die Arbeitswelt 4.0, Hochschulbildungsreport 2020. Jahresbericht 2016, in Kooperation mit McKinsey & Company. http://www.stifterverband.org/download/file/fid/1720. Zugegriffen: 03. Aug. 2018.

Travers, J., & Milgram, S. (1969). An experimental study of the small world problem. *Sociometry 32*(4), 425–443. https://snap.stanford.edu/class/cs224w-readings/travers69smallworld.pdf. Zugegriffen: 14. Juli 2019.

Wahlster, W. (2017). Künstliche Intelligenz für den Menschen: Digitalisierung mit Verstand. http://www.uni-mainz.de/downloads_presse/freunde_stiftungsprofessur2017_expose.pdf. Zugegriffen: 29. Juli 2019.

WBGU – Wissenschaftlicher Beirat der Bundesregierung Globale Umweltveränderungen. (2018). Digitalisierung: Worüber wir jetzt reden müssen. https://www.wbgu.de/fileadmin/user_upload/wbgu/publikationen/factsheets/digitalisierung.pdf. Zugegriffen: 14. Juli 2019.

WBGU – Wissenschaftlicher Beirat der Bundesregierung Globale Umweltveränderungen. (2019). Unsere gemeinsame digitale Zukunft. Zusammenfassung. Berlin: WBGU. https://www.wbgu.de/fileadmin/user_upload/wbgu/publikationen/hauptgutachten/hg2019/pdf/WBGU_HGD2019_Z.pdf. Zugegriffen: 14. Juli 2019.

Wissenschaftsrat. (Hrsg.). (2015). Zum wissenschaftspolitischen Diskurs über große gesellschaftliche Herausforderungen – Positionspapier. Drs. 4594–15. Verabschiedet in Stuttgart, April 2015. https://www.wissenschaftsrat.de/download/archiv/4594-15.pdf. Zugegriffen: 14. Juli 2019.

Wissenschaftsrat. (Hrsg.). (2018). Perspektiven der Psychologie in Deutschland. Drs. 6825–18. Köln, Januar 2018. https://www.wissenschaftsrat.de/download/archiv/6825-18.pdf. Zugegriffen: 14. Juli 2019.

Zuse, H. (2019). Konrad Zuse's Homepage. http://www.horst-zuse.homepage.t-online.de/konrad-zuse.html. Zugegriffen: 14. Juli 2019.